CARMEN C. I

VERBOS ESPAÑOLES

CONJUGADOS SIN ABREVIACIÓN

10e édition

PAYOT · LAUSANNE

1982

© 1959 by Librairie Payot Lausanne

ISBN 2-601-01257-9

He aquí un librito de verbos presentados de una manera fácil y al alcance de todos los alumnos. Nada hay de nuevo, puesto que todo lo que contiene puede encontrarse en todas las gramáticas españolas: pero la manera de disponer los modos y los tiempos con arreglo a los cuatro grupos que la Real Academia forma de los tiempos simples, facilita el estudio de las irregularidades. No hay abreviaciones, que es el deseo de los alumnos, y al fin del librito hay una serie de verbos que siguen a los modelos conjugados. Los de poco uso han sido suprimidos.

MODO INFINITIVO

Formas simples   **Formas compuestas**

Infinitivo   haber   Infinitivo   haber habido
Gerundio   habiendo   Gerundio   habiendo habido
Participio   habido

MODO INDICATIVO

Presente		**Pretérito perfecto**		**Futuro imperfecto**
Yo	he	he	habido	habré
Tú	has	has	habido	habrás
Él	ha (o) hay [1]	ha	habido	habrá
Nos.	hemos	hemos	habido	habremos
Vos.	habéis	habéis	habido	habréis
Ellos	han	han	habido	habrán

Pret. imperfecto		**Pret. pluscuamper.**		**Futuro perfecto**	
Yo	había	había	habido	habré	habido
Tú	habías	habías	habido	habrás	habido
Él	había	había	habido	habrá	habido
Nos.	habíamos	habíamos	habido	habremos	habido
Vos.	habíais	habíais	habido	habréis	habido
Ellos	habían	habían	habido	habrán	habido

Pret. indefinido		**Pret. anterior**	
Yo	hube	hube	habido
Tú	hubiste	hubiste	habido
Él	hubo	hubo	habido
Nos.	hubimos	hubimos	habido
Vos.	hubisteis	hubisteis	habido
Ellos	hubieron	hubieron	habido

HABER es en realidad el único verbo auxiliar de la lengua española y sirve para formar los tiempos compuestos de los otros verbos ya sean transitivos, intransitivos y reflexivos y el participio pasado que le acompaña es siempre invariable.

Dicho participio se forma con la terminación **-ado** en los verbos de la primera conjugación, y en **-ido** en los de la segunda y tercera: como amado, de amar, temido y partido, de temer y partir.

Cuando el verbo HABER en su forma impersonal se refiere al tiempo o a una época, se traduce por el verbo **hacer**.

---

[1] Usado como unipersonal, en el sentido de existir.

| MODO SUBJUNTIVO | | MODO POTENCIAL O CONDICIONAL |

Presente	**Pret. perfecto**		**Simple o imp.**
Yo haya	haya	habido	habría
Tú hayas	hayas	habido	habrías
Él haya	haya	habido	habría
Nos. hayamos	hayamos	habido	habríamos
Vos. hayáis	hayáis	habido	habríais
Ellos hayan	hayan	habido	habrían

Pret. imper. (1.ª f.ª)	**Pret. plusc.** (1.ª f.ª)		**Compuesto o perf.**	
Yo hubiera	hubiera	habido	habría	habido
Tú hubieras	hubieras	habido	habrías	habido
Él hubiera	hubiera	habido	habría	habido
Nos. hubiéramos	hubiéramos	habido	habríamos	habido
Vos. hubierais	hubierais	habido	habríais	habido
Ellos hubieran	hubieran	habido	habrían	habido

Pret. imper. (2.ª f.ª)	**Pret. plusc.** (2.ª f.ª)		MODO
Yo hubiese	hubiese	habido	IMPERATIVO
Tú hubieses	hubieses	habido	
Él hubiese	hubiese	habido	**Presente**
Nos. hubiésemos	hubiésemos	habido	He — tú
Vos. hubieseis	hubieseis	habido	Haya — él o usted
Ellos hubiesen	hubiesen	habido	Hayamos — nosotros

MODO IMPERATIVO

Presente

He	tú
Haya	él o usted
Hayamos	nosotros
Habed	vosotros
Hayan	ellos o ustedes

Participios pasados irregulares

Abrir	— abierto	Morir	— muerto
Cubrir	— cubierto	Poner	— puesto
Decir	— dicho	Resolver	— resuelto
Escribir	— escrito	Romper	— roto
Hacer	— hecho	Ver	— visto
Imprimir	— impreso	Volver	— vuelto

Los compuestos de estos verbos siguen la misma irregularidad.

Hay algunos verbos que tienen dos participios, uno regular y otro irregular.

MODO INFINITIVO

Formas simples		Formas compuestas	
Infinitivo	tener	Infinitivo	haber tenido
Gerundio	teniendo	Gerundio	habiendo tenido
Participio	tenido		

MODO INDICATIVO

Presente		Pretérito perfecto	
Yo	tengo	he	tenido
Tú	tienes	has	tenido
Él	tiene	ha	tenido
Nos.	tenemos	hemos	tenido
Vos.	tenéis	habéis	tenido
Ellos	tienen	han	tenido

Pret. imperfecto		Pret. pluscuamperfecto	
Yo	tenía	había	tenido
Tú	tenías	habías	tenido
Él	tenía	había	tenido
Nos.	teníamos	habíamos	tenido
Vos.	teníais	habíais	tenido
Ellos	tenían	habían	tenido

Pret. indefinido		Pret. anterior	
Yo	tuve	hube	tenido
Tú	tuviste	hubiste	tenido
Él	tuvo	hubo	tenido
Nos.	tuvimos	hubimos	tenido
Vos.	tuvisteis	hubisteis	tenido
Ellos	tuvieron	hubieron	tenido

Futuro imperfecto		Futuro perfecto	
Yo	tendré	habré	tenido
Tú	tendrás	habrás	tenido
Él	tendrá	habrá	tenido
Nos.	tendremos	habremos	tenido
Vos.	tendréis	habréis	tenido
Ellos	tendrán	habrán	tenido

TENER es un verbo activo y determina sobre todo la posesión. Como auxiliar — lo que es muy raro — va seguido de un participio pasado que concuerda en género y número con el complemento directo, vaya antes o después de él.

MODO SUBJUNTIVO

Presente		Pret. perfecto	
Yo	tenga	haya	tenido
Tú	tengas	hayas	tenido
Él	tenga	haya	tenido
Nos.	tengamos	hayamos	tenido
Vos.	tengáis	hayáis	tenido
Ellos	tengan	hayan	tenido

Pret. imper. (1.ª f.ª)		Pret. plus. (1.ª f.ª)	
Yo	tuviera	hubiera	tenido
Tú	tuvieras	hubieras	tenido
Él	tuviera	hubiera	tenido
Nos.	tuviéramos	hubiéramos	tenido
Vos.	tuvierais	hubierais	tenido
Ellos	tuvieran	hubieran	tenido

Pret. imper. (2.ª f.ª)		Pret. plus. (2.ª f.ª)	
Yo	tuviese	hubiese	tenido
Tú	tuvieses	hubieses	tenido
Él	tuviese	hubiese	tenido
Nos.	tuviésemos	hubiésemos	tenido
Vos.	tuvieseis	hubieseis	tenido
Ellos	tuviesen	hubiesen	tenido

MODO POTENCIAL O CONDICIONAL

Simple o imperf.		Compuesto o perfecto	
Yo	tendría	habría	tenido
Tú	tendrías	habrías	tenido
Él	tendría	habría	tenido
Nos.	tendríamos	habríamos	tenido
Vos.	tendríais	habríais	tenido
Ellos	tendrían	habrían	tenido

MODO IMPERATIVO
Presente

Ten	tú	Tengamos	nosotros
Tenga	él o usted	Tened	vosotros
		Tengan	ellos o ustedes

MODO INFINITIVO

Formas simples		Formas compuestas	
Infinitivo	ser	Infinitivo	haber sido
Gerundio	siendo	Gerundio	habiendo sido
Participio	sido		

MODO INDICATIVO

Presente		**Pretérito perfecto**	
Yo	soy	he	sido
Tú	eres	has	sido
Él	es	ha	sido
Nos.	somos	hemos	sido
Vos.	sois	habéis	sido
Ellos	son	han	sido
Pret. imperfecto		**Pret. pluscuamperfecto**	
Yo	era	había	sido
Tú	eras	habías	sido
Él	era	había	sido
Nos.	éramos	habíamos	sido
Vos.	erais	habíais	sido
Ellos	eran	habían	sido
Pret. indefinido		**Pret. anterior**	
Yo	fui	hube	sido
Tú	fuiste	hubiste	sido
Él	fue	hubo	sido
Nos.	fuimos	hubimos	sido
Vos.	fuisteis	hubisteis	sido
Ellos	fueron	hubieron	sido
Futuro imperfecto		**Futuro perfecto**	
Yo	seré	habré	sido
Tú	serás	habrás	sido
Él	será	habrá	sido
Nos.	seremos	habremos	sido
Vos.	seréis	habréis	sido
Ellos	serán	habrán	sido

SER se emplea: para indicar las cualidades inherentes a las personas y a las cosas; la profesión, la nacionalidad, la religión, un título, un grado; la propiedad, la destinación, el origen, la naturaleza de las cosas; la hora, el número y orden de las cosas. Como auxiliar forma la voz pasiva y el participio pasado que le acompaña concuerda con el sujeto.

MODO SUBJUNTIVO

Presente		Pret. perfecto	
Yo	sea	haya	sido
Tú	seas	hayas	sido
Él	sea	haya	sido
Nos.	seamos	hayamos	sido
Vos.	seáis	hayáis	sido
Ellos	sean	hayan	sido

Pret. imper. (1.ª f.ª)		Pret. plusc. (1.ª f.ª)	
Yo	fuera	hubiera	sido
Tú	fueras	hubieras	sido
Él	fuera	hubiera	sido
Nos.	fuéramos	hubiéramos	sido
Vos.	fuerais	hubierais	sido
Ellos	fueran	hubieran	sido

Pret. imper. (2.ª f.ª)		Pret. plusc. (2.ª f.ª)	
Yo	fuese	hubiese	sido
Tú	fueses	hubieses	sido
Él	fuese	hubiese	sido
Nos.	fuésemos	hubiésemos	sido
Vos.	fueseis	hubieseis	sido
Ellos	fuesen	hubiesen	sido

MODO POTENCIAL O CONDICIONAL

Simple o imperf.		Compuesto o perfecto	
Yo	sería	habría	sido
Tú	serías	habrías	sido
Él	sería	habría	sido
Nos.	seríamos	habríamos	sido
Vos.	seríais	habríais	sido
Ellos	serían	habrían	sido

MODO IMPERATIVO
Presente

Sé tú	Seamos nosotros
Sea él o usted	Sed vosotros
	Sean ellos o ustedes

MODO INFINITIVO

Formas simples		Formas compuestas	
Infinitivo	estar	Infinitivo	haber estado
Gerundio	estando	Gerundio	habiendo estado
Participio	estado		

MODO INDICATIVO

Presente		**Pretérito perfecto**	
Yo	estoy	he	estado
Tú	estás	has	estado
Él	está	ha	estado
Nos.	estamos	hemos	estado
Vos.	estáis	habéis	estado
Ellos	están	han	estado

Pret. imperfecto		**Pret. pluscuamperfecto**	
Yo	estaba	había	estado
Tú	estabas	habías	estado
Él	estaba	había	estado
Nos.	estábamos	habíamos	estado
Vos.	estabais	habíais	estado
Ellos	estaban	habían	estado

Pret. indefinido		**Pret. anterior**	
Yo	estuve	hube	estado
Tú	estuviste	hubiste	estado
Él	estuvo	hubo	estado
Nos.	estuvimos	hubimos	estado
Vos.	estuvisteis	hubisteis	estado
Ellos	estuvieron	hubieron	estado

Futuro imperfecto		**Futuro perfecto**	
Yo	estaré	habré	estado
Tú	estarás	habrás	estado
Él	estará	habrá	estado
Nos.	estaremos	habremos	estado
Vos.	estaréis	habréis	estado
Ellos	estarán	habrán	estado

ESTAR indica: la situación y posición de las personas y de las cosas; el resultado de una acción; los estados pasajeros. Acompañado de un gerundio, marca la actualidad y la progresión de la acción.

MODO SUBJUNTIVO

Presente		Pret. perfecto	
Yo	esté	haya	estado
Tú	estés	hayas	estado
Él	esté	haya	estado
Nos.	estemos	hayamos	estado
Vos.	estéis	hayáis	estado
Ellos	estén	hayan	estado

Pret. imper. (1.ª f.ª)		Pret. plusc. (1.ª f.ª)	
Yo	estuviera	hubiera	estado
Tú	estuvieras	hubieras	estado
Él	estuviera	hubiera	estado
Nos.	estuviéramos	hubiéramos	estado
Vos.	estuvierais	hubierais	estado
Ellos	estuvieran	hubieran	estado

Pret. imper. (2.ª f.ª)		Pret. plusc. (2.ª f.ª)	
Yo	estuviese	hubiese	estado
Tú	estuvieses	hubieses	estado
Él	estuviese	hubiese	estado
Nos.	estuviésemos	hubiésemos	estado
Vos.	estuvieseis	hubieseis	estado
Ellos	estuviesen	hubiesen	estado

MODO POTENCIAL O CONDICIONAL

Simple o imp.		Compuesto o perfecto	
Yo	estaría	habría	estado
Tú	estarías	habrías	estado
Él	estaría	habría	estado
Nos.	estaríamos	habríamos	estado
Vos.	estaríais	habríais	estado
Ellos	estarían	habrían	estado

MODO IMPERATIVO
Presente

Está tú	estemos	nosotros
Esté él o usted	estad	vosotros
	estén	ellos o ustedes

Modelo de la primera conjugación: Amar

MODO INFINITIVO

Formas simples		Formas compuestas		
Infinitivo	am-ar	Infinitivo	haber	am-ado
Gerundio	am-ando	Gerundio	habiendo	am-ado
Participio	am-ado			

MODO INDICATIVO

Presente		Pretérito perfecto	
Yo	am-o	he	amado
Tú	am-as	has	amado
Él	am-a	ha	amado
Nos.	am-amos	hemos	amado
Vos.	am-áis	habéis	amado
Ellos	am-an	han	amado

Pret. imperfecto		Pret. pluscuamperfecto	
Yo	am-aba	había	amado
Tú	am-abas	habías	amado
Él	am-aba	había	amado
Nos.	am-ábamos	habíamos	amado
Vos.	am-abais	habíais	amado
Ellos	am-aban	habían	amado

Pret. indefinido		Pret. anterior	
Yo	am-é	hube	amado
Tú	am-aste	hubiste	amado
Él	am-ó	hubo	amado
Nos.	am-amos	hubimos	amado
Vos.	am-asteis	hubisteis	amado
Ellos	am-aron	hubieron	amado

Futuro imperfecto		Futuro perfecto	
Yo	amar-é	habré	amado
Tú	amar-ás	habrás	amado
Él	amar-á	habrá	amado
Nos.	amar-emos	habremos	amado
Vos.	amar-éis	habréis	amado
Ellos	amar-án	habrán	amado

MODO SUBJUNTIVO

Presente		Pret. perfecto	
Yo	am-e	haya	amado
Tú	am-es	hayas	amado
Él	am-e	haya	amado
Nos.	am-emos	hayamos	amado
Vos.	am-éis	hayáis	amado
Ellos	am-en	hayan	amado

Pret. imper. (1.ª f.ª)		Pret. plusc. (1.ª f.ª)	
Yo	am-ara	hubiera	amado
Tú	am-aras	hubieras	amado
Él	am-ara	hubiera	amado
Nos.	am-áramos	hubiéramos	amado
Vos.	am-arais	hubierais	amado
Ellos	am-aran	hubieran	amado

Pret. imper. (2.ª f.ª)		Pret. plusc. (2.ª f.ª)	
Yo	am-ase	hubiese	amado
Tú	am-ases	hubieses	amado
Él	am-ase	hubiese	amado
Nos.	am-ásemos	hubiésemos	amado
Vos.	am-aseis	hubieseis	amado
Ellos	am-asen	hubiesen	amado

MODO POTENCIAL O CONDICIONAL

Simple o imp.		Compuesto o perf.	
Yo	amar-ía	habría	amado
Tú	amar-ías	habrías	amado
Él	amar-ía	habría	amado
Nos.	amar-íamos	habríamos	amado
Vos.	amar-íais	habríais	amado
Ellos	amar-ían	habrían	amado

MODO IMPERATIVO
Presente

am-a tú	am-emos nosotros
am-e él o usted	am-ad vosotros
	am-en ellos o ustedes

Modelo de la segunda conjugación: Temer

MODO INFINITIVO

Formas simples		**Formas compuestas**		
Infinitivo	tem-er	Infinitivo	haber	tem-ido
Gerundio	tem-iendo	Gerundio	habiendo	tem-ido
Participio	tem-ido			

MODO INDICATIVO

Presente		**Pretérito perfecto**	
Yo	tem-o	he	temido
Tú	tem-es	has	temido
Él	tem-e	ha	temido
Nos.	tem-emos	hemos	temido
Vos.	tem-éis	habéis	temido
Ellos	tem-en	han	temido
Pret. imperfecto		**Pret. pluscuamperfecto**	
Yo	tem-ía	había	temido
Tú	tem-ías	habías	temido
Él	tem-ía	había	temido
Nos.	tem-íamos	habíamos	temido
Vos.	tem-íais	habíais	temido
Ellos	tem-ían	habían	temido
Pret. indefinido		**Pret. anterior**	
Yo	tem-í	hube	temido
Tú	tem-iste	hubiste	temido
Él	tem-ió	hubo	temido
Nos.	tem-imos	hubimos	temido
Vos.	tem-isteis	hubisteis	temido
Ellos	tem-ieron	hubieron	temido
Futuro imperfecto		**Futuro perfecto**	
Yo	temer-é	habré	temido
Tú	temer-ás	habrás	temido
Él	temer-á	habrá	temido
Nos.	temer-emos	habremos	temido
Vos.	temer-éis	habréis	temido
Ellos	temer-án	habrán	temido

MODO SUBJUNTIVO

Presente		Pret. perfecto	
Yo	tem-a	haya	temido
Tú	tem-as	hayas	temido
Él	tem-a	haya	temido
Nos.	tem-amos	hayamos	temido
Vos.	tem-áis	hayáis	temido
Ellos	tem-an	hayan	temido

Pret. imper. (1.ª f.ª)		Pret. plusc. (1.ª f.ª)	
Yo	tem-iera	hubiera	temido
Tú	tem-ieras	hubieras	temido
Él	tem-iera	hubiera	temido
Nos.	tem-iéramos	hubiéramos	temido
Vos.	tem-ierais	hubierais	temido
Ellos	tem-ieran	hubieran	temido

Pret. imper. (2.ª f.ª)		Pret. plusc. (2.ª f.ª)	
Yo	tem-iese	hubiese	temido
Tú	tem-ieses	hubieses	temido
Él	tem-iese	hubiese	temido
Nos.	tem-iésemos	hubiésemos	temido
Vos.	tem-ieseis	hubieseis	temido
Ellos	tem-iesen	hubiesen	temido

MODO POTENCIAL O CONDICIONAL

Simple o imp.		Compuesto o perf.	
Yo	temer-ía	habría	temido
Tú	temer-ías	habrías	temido
Él	temer-ía	habría	temido
Nos.	temer-íamos	habríamos	temido
Vos.	temer-íais	habríais	temido
Ellos	temer-ían	habrían	temido

MODO IMPERATIVO
Presente

tem-e tú	tem-amos nosotros
tem-a él o usted	tem-ed vosotros
	tem-an ellos o ustedes

Modelo de la tercera conjugación: Partir

MODO INFINITIVO

Formas simples		**Formas compuestas**		
Infinitivo	part-ir	Infinitivo	haber	part-ido
Gerundio	part-iendo	Gerundio	habiendo	part-ido
Participio	part-ido			

MODO INDICATIVO

Presente		**Pretérito perfecto**	
Yo	part-o	he	partido
Tú	part-es	has	partido
Él	part-e	ha	partido
Nos.	part-imos	hemos	partido
Vos.	part-ís	habéis	partido
Ellos	part-en	han	partido

Pret. imperfecto		**Pret. pluscuamperfecto**	
Yo	part-ía	había	partido
Tú	part-ías	habías	partido
Él	part-ía	había	partido
Nos.	part-íamos	habíamos	partido
Vos.	part-íais	habíais	partido
Ellos	part-ían	habían	partido

Pret. indefinido		**Pret. anterior**	
Yo	part-í	hube	partido
Tú	part-iste	hubiste	partido
Él	part-ió	hubo	partido
Nos.	part-imos	hubimos	partido
Vos.	part-isteis	hubisteis	partido
Ellos	part-ieron	hubieron	partido

Futuro imperfecto		**Futuro perfecto**	
Yo	partir-é	habré	partido
Tú	partir-ás	habrás	partido
Él	partir-á	habrá	partido
Nos.	partir-emos	habremos	partido
Vos.	partir-éis	habréis	partido
Ellos	partir-án	habrán	partido

MODO SUBJUNTIVO

Presente		Pret. perfecto	
Yo	part-a	haya	partido
Tú	part-as	hayas	partido
Él	part-a	haya	partido
Nos.	part-amos	hayamos	partido
Vos.	part-áis	hayáis	partido
Ellos	part-an	hayan	partido

Pret. imper. (1.ª f.ª)		Pret. plusc. (1.ª f.ª)	
Yo	part-iera	hubiera	partido
Tú	part-ieras	hubieras	partido
Él	part-iera	hubiera	partido
Nos.	part-iéramos	hubiéramos	partido
Vos.	part-ierais	hubierais	partido
Ellos	part-ieran	hubieran	partido

Pret. imper. (2.ª f.ª)		Pret. plusc. (2.ª f.ª)	
Yo	part-iese	hubiese	partido
Tú	part-ieses	hubieses	partido
Él	part-iese	hubiese	partido
Nos.	part-iésemos	hubiésemos	partido
Vos.	part-ieseis	hubieseis	partido
Ellos	part-iesen	hubiesen	partido

MODO POTENCIAL O CONDICIONAL

Simple o imp.		Compuesto o perf.	
Yo	partir-ía	habría	partido
Tú	partir-ías	habrías	partido
Él	partir-ía	habría	partido
Nos.	partir-íamos	habríamos	partido
Vos.	partir-íais	habríais	partido
Ellos	partir-ían	habrían	partido

MODO IMPERATIVO
Presente

part-e tú	part-amos nosotros
part-a él o usted	part-id vosotros
	part-an ellos o ustedes

MODO INFINITIVO

Formas simples		Formas compuestas	
Infinitivo	lavarse	Infinitivo	haberse lavado
Gerundio	lavándose	Gerundio	habiéndose lavado
Participio	lavado		

MODO INDICATIVO

Presente [1]		Pretérito perfecto		Futuro imper.
Me	lavo	he	lavado	lavaré
Te	lavas	has	lavado	lavarás
Se	lava	ha	lavado	lavará
Nos	lavamos	hemos	lavado	lavaremos
Os	laváis	habéis	lavado	lavaréis
Se	lavan	han	lavado	lavarán

Pret. imper.		Pret. plusc.		Futuro perfecto	
Me	lavaba	había	lavado	habré	lavado
Te	lavabas	habías	lavado	habrás	lavado
Se	lavaba	había	lavado	habrá	lavado
Nos	lavábamos	habíamos	lavado	habremos	lavado
Os	lavabais	habíais	lavado	habréis	lavado
Se	lavaban	habían	lavado	habrán	lavado

Pret. indef.		Pret. anterior	
Me	lavé	hube	lavado
Te	lavaste	hubiste	lavado
Se	lavó	hubo	lavado
Nos	lavamos	hubimos	lavado
Os	lavasteis	hubisteis	lavado
Se	lavaron	hubieron	lavado

Estos verbos no ofrecen otra particularidad que la de conjugarse con dos pronombres de la misma persona. Si son regulares, se conjugan según los tres modelos presentados; si son irregulares, están comprendidos en la conjugación de estos últimos.

Observación 1.ª: El pronombre reflexivo en los verbos pronominales se coloca después del verbo, formando una sola palabra en el infinitivo, en el gerundio y en el imperativo.

---

[1] Hemos suprimido los pronombres sujetos que el discípulo conoce ya.

MODO SUBJUNTIVO

MODO POTENCIAL O CONDICIONAL

Presente

Me	lave
Te	laves
Se	lave
Nos	lavemos
Os	lavéis
Se	laven

Pret. perfecto

haya	lavado
hayas	lavado
haya	lavado
hayamos	lavado
hayáis	lavado
hayan	lavado

Simple o imp.

| lavaría |
| lavarías |
| lavaría |
| lavaríamos |
| lavaríais |
| lavarían |

Pret. imper. (1.ª f.ª)

Me	lavara
Te	lavaras
Se	lavara
Nos	laváramos
Os	lavarais
Se	lavaran

Pret. plusc. (1.ª f.ª)

hubiera	lavado
hubieras	lavado
hubiera	lavado
hubiéramos	lavado
hubierais	lavado
hubieran	lavado

Compuesto o perf.

habría	lavado
habrías	lavado
habría	lavado
habríamos	lavado
habríais	lavado
habrían	lavado

Pret. imper. (2.ª f.ª)

Me	lavase
Te	lavases
Se	lavase
Nos	lavásemos
Os	lavaseis
Se	lavasen

Pret. plusc. (2.ª f.ª)

hubiese	lavado
hubieses	lavado
hubiese	lavado
hubiésemos	lavado
hubieseis	lavado
hubiesen	lavado

MODO IMPERATIVO

Presente

lávate tú	lavémonos nosotros
lávese él o usted	lavaos vosotros
	lávense ellos o ustedes

Observación 2.ª: En la primera persona del plural del imperativo se suprime la s con que termina la persona y se añade el pronombre **nos** y en la segunda del plural se suprime la **d** y se añade el pronombre **os** (excepción: el verbo **ir**).

La mayor parte de los verbos activos y neutros pueden emplearse en español como pronominales.

MODO INFINITIVO

Formas simples			Formas compuestas	
Infinitivo	ser	amado	Infinitivo	haber sido amado
Gerundio	siendo	amado	Gerundio	habiendo
Participio	sido	amado		sido amado

MODO INDICATIVO

Presente

Yo	soy	amado		
Tú	eres	amado		
Él	es	amado		
Nos.	somos	amados		
Vos.	sois	amados		
Ellos	son	amados		

Pretérito perfecto

he	sido amado
has	sido amado
ha	sido amado
hemos	sido amados
habéis	sido amados
han	sido amados

Pretérito imperfecto

Yo	era	amado
Tú	eras	amado
Él	era	amado
Nos.	éramos	amados
Vos.	erais	amados
Ellos	eran	amados

Pretérito pluscuamperfecto

había	sido amado
habías	sido amado
había	sido amado
habíamos	sido amados
habíais	sido amados
habían	sido amados

Pretérito indefinido

Yo	fui	amado
Tú	fuiste	amado
Él	fue	amado
Nos.	fuimos	amados
Vos.	fuisteis	amados
Ellos	fueron	amados

Pretérito anterior

hube	sido amado
hubiste	sido amado
hubo	sido amado
hubimos	sido amados
hubisteis	sido amados
hubieron	sido amados

Futuro imperfecto

Yo	seré	amado
Tú	serás	amado
Él	será	amado
Nos.	seremos	amados
Vos.	seréis	amados
Ellos	serán	amados

Futuro perfecto

habré	sido amado
habrás	sido amado
habrá	sido amado
habremos	sido amados
habréis	sido amados
habrán	sido amados

Para la formación del femenino se dice: Yo soy amada, tú eres amada, ella es amada, nosotras somos amadas, vosotras sois amadas, ellas son amadas, etc.

MODO POTENCIAL O CONDICIONAL

Simple o imperfecto		Compuesto o perfecto	
Yo	sería amado	habría	sido amado
Tú	serías amado	habrías	sido amado
Él	sería amado	habría	sido amado
Nos.	seríamos amados	habríamos	sido amados
Vos.	seríais amados	habríais	sido amados
Ellos	serían amados	habrían	sido amados

MODO SUBJUNTIVO

Presente		Pretérito perfecto	
Yo	sea amado	haya	sido amado
Tú	seas amado	hayas	sido amado
Él	sea amado	haya	sido amado
Nos.	seamos amados	hayamos	sido amados
Vos.	seáis amados	hayáis	sido amados
Ellos	sean amados	hayan	sido amados

Pretérito imperfecto (1.ª f.ª)		Pret. plusc. (1.ª f.ª)	
Yo	fuera amado	hubiera	sido amado
Tú	fueras amado	hubieras	sido amado
Él	fuera amado	hubiera	sido amado
Nos.	fuéramos amados	hubiéramos	sido amados
Vos.	fuerais amados	hubierais	sido amados
Ellos	fueran amados	hubieran	sido amados

Pretérito imperfecto (2.ª f.ª)		Pret. plusc. (2.ª f.ª)	
Yo	fuese amado	hubiese	sido amado
Tú	fueses amado	hubieses	sido amado
Él	fuese amado	hubiese	sido amado
Nos.	fuésemos amados	hubiésemos	sido amados
Vos.	fueseis amados	hubieseis	sido amados
Ellos	fuesen amados	hubiesen	sido amados

MODO IMPERATIVO

Sé tú amado	Seamos nosotros amados
Sea él o usted amado	Sed vosotros amados
	Sean ellos o ustedes amados

NEVAR

Infinitivo: Nevar

Presente de indicativo
Nieva

Presente de subjuntivo
Nieve

Imperativo
Nieve

Imp. de indicativo
Nevaba

Futuro
Nevará

Condicional o potencial
Nevaría

Pretérito indefinido
Nevó

Imperfecto de subjuntivo
Nevara o nevase

Gerundio
Nevando

Participio pasado
Nevado

RELAMPAGUEAR

Infinitivo: Relampaguear

Presente de indicativo
Relampaguea

Presente de subjuntivo
Relampaguee

Imperativo
Relampaguee

Imperfecto de indicativo
Relampagueaba

Condicional o potencial
Relampaguearía

Pretérito indefinido
Relampagueó

Imperfecto de subjuntivo
Relampaguease o relampagueara

Gerundio
Relampagueando

Participio pasado
Relampagueado

TRONAR

Infinitivo: Tronar

Presente de indicativo		**Presente de subjuntivo**
Truena		Truene
	Imperativo	
	Truene	

Imp. de indicativo	**Futuro**	**Condicional o potencial**
Tronaba	Tronará	Tronaría

Pretérito indefinido		**Imperfecto de subjuntivo**
Tronó		Tronara o tronase

Gerundio	**Participio pasado**
Tronando	Tronado

LLOVER

Infinitivo: Llover

Presente de indicativo		**Presente de subjuntivo**
Llueve		Llueva
	Imperativo	
	Llueva	

Imp. de indicativo	**Futuro**	**Condicional o potencial**
Llovía	Lloverá	Llovería

Pretérito indefinido		**Imperfecto de subjuntivo**
Llovió		Lloviese o lloviera

Gerundio	**Participio pasado**
Lloviendo	Llovido

Verbo defectivo es el que carece de algunos tiempos y personas. He aquí los más usados:

SOLER

Presente de indicativo	Presente de subjuntivo
Suelo	Suela
Sueles	Suelas
Suele	Suela
Solemos	Solamos
Soléis	Soláis
Suelen	Suelan

Pretérito indefinido	Imperfecto de indicativo
Solí	Solía
Soliste	Solías
Solió	Solía
Solimos	Solíamos
Solisteis	Solíais
Solieron	Solían

Participio presente o gerundio	Participio pasado
Soliendo	Solido

ABOLIR

Este verbo no es empleado más que en los tiempos en que su terminación comienza por una i.

Presente de indicativo	Imperfecto de indicativo
Abolimos	Abolía
Abolís	Abolías
	Abolía
	Abolíamos
	Abolíais
	Abolían

Pretérito indefinido	Futuro de indicativo
Abolí	Aboliré
Aboliste	Abolirás
Abolió	Abolirá
Abolimos	Aboliremos
Abolisteis	Aboliréis
Abolieron	Abolirán

Condicional o potencial	Pretérito imperfecto de subjuntivo	
Aboliría	Aboliese	o aboliera
Abolirías	Abolieses	abolieras
Aboliría	Aboliese	aboliera
Aboliríamos	Aboliésemos	aboliéramos
Aboliríais	Abolieseis	abolierais
Abolirían	Aboliesen	abolieran

Gerundio: Aboliendo   **Participio pasado :** Abolido

CONCERNIR

Concernir se emplea únicamente, por su significación, en las terceras personas del presente e imperfecto de indicativo: concierne, conciernen, concernía, concernían, y en las mismas personas del presente de subjuntivo: concierna, conciernan, en el gerundio: concerniendo y en el adjetivo (o participio activo): concerniente, y rara vez se habrá usado en más tiempos que en éstos.

Concernir es uno de los verbos que en la tercera conjugación representa el tipo de primer grupo de irregularidad: e = ie.

ERGUIR

Presente de indicativo

Irgo	o yergo
Irgues	yergues
Irgue	yergue
Erguimos	
Erguís	
Irguen	yerguen

Presente de subjuntivo

Irga	o yerga
Irgas	yergas
Irga	yerga
Irgamos	yergamos
Irgáis	yergáis
Irgan	yergan

Pretérito indefinido

Erguí
Erguiste
Irguió
Erguimos
Erguisteis
Irguieron

Pret. imperfecto de subjuntivo

Irguiese	o irguiera
Irguieses	irguieras
Irguiese	irguiera
Irguiésemos	irguiéramos
Irguieseis	irguierais
Irguiesen	irguieran

Participio pasado

Erguido

Gerundio

Irguiendo

Este verbo, que algunos colocan entre los defectivos, lo conjuga la Academia Española en todos sus tiempos, teniendo, como se ve en muchos de ellos, dos formas distintas.

PLACER

Este verbo no se emplea ordinariamente más que en las **terceras personas de singular** (la mayor parte irregulares) de los tiempos siguientes:

INDICATIVO

Presente   place
Imperfecto   placía
Pretérito indefinido   plugo o plació (pluguieron o placieron)

SUBJUNTIVO

Presente   plegue o plazca
Imperfecto   pluguiera, pluguiese o placiese

Este verbo según la Real Academia puede conjugarse en todos sus tiempos, modos, números y personas con la irregularidad de los terminados en **acer, ecer** y **ocer.**

YACER

Este verbo no se emplea hoy día más que en la tercera persona del singular y en la tercera del plural del presente y del imperfecto de indicativo:

Ejemplos:
         Aquí yace
         Aquí yacen
         Aquí yacía
         Aquí yacían

El participio presente **yaciendo** se emplea algunas veces.

Para la fácil conjugación de los verbos irregulares, téngase presente que los tiempos simples se dividen en **primitivos** y **derivados** y que la irregularidad de los **primeros** pasa siempre a los segundos.

Los **primitivos** son:

El **presente,** el **futuro imperfecto** y el **pretérito indefinido** o **imperfecto** de indicativo.

Los **derivados** son:

1. El **presente de subjuntivo** y el **imperativo,** que se derivan del **presente** de indicativo.

2. El **potencial** o **condicional simple,** que proviene del **futuro imperfecto** de indicativo.

3. El **pretérito imperfecto de subjuntivo** y a veces el **gerundio,** que se derivan del **pretérito indefinido.**

De estos tiempos simples la Real Academia Española forma cuatro grupos:

1. Presentes de indicativo, subjuntivo e imperativo.

2. Pretérito imperfecto de indicativo. En este tiempo sólo son irregulares los verbos **ir, ver y ser.**

3. Pretérito indefinido y pretérito imperfecto de subjuntivo.

4. Futuro imperfecto de indicativo y potencial.

Fuera de estos grupos queda el gerundio, cuya irregularidad, por lo que a las vocales se refiere, suele coincidir con la de los tiempos del tercer grupo.

Pertenecen a la **primera clase** muchos verbos de la primera y segunda conjugación en cuya penúltima sílaba entra la **e**, y los de la tercera conjugación **concernir** y **discernir**, los cuales cambian la **e** en **ie** en las personas cuyo acento tónico va sobre esta **e**, o sea en las tres del **singular** y **tercera del plural** del **presente de indicativo** y sus derivados (presente de subjuntivo e imperativo).

Ejemplos:

CERRAR	PERDER	DISCERNIR

TIEMPOS DEL PRIMER GRUPO

Presente de indicativo

CERRAR	PERDER	DISCERNIR
Cierro	Pierdo	Discierno
Cierras	Pierdes	Disciernes
Cierra	Pierde	Discierne
Cerramos	Perdemos	Discernimos
Cerráis	Perdéis	Discernís
Cierran	Pierden	Disciernen

Presente de subjuntivo

CERRAR	PERDER	DISCERNIR
Cierre	Pierda	Discierna
Cierres	Pierdas	Disciernas
Cierre	Pierda	Discierna
Cerremos	Perdamos	Discernamos
Cerréis	Perdáis	Discernáis
Cierren	Pierdan	Disciernan

Modo imperativo

CERRAR	PERDER	DISCERNIR
Cierra	Pierde	Discierne
Cierre	Pierda	Discierna
Cerremos	Perdamos	Discernamos
Cerrad	Perded	Discernid
Cierren	Pierdan	Disciernan

Los otros tiempos de estos tres modelos, así como los que siguen su irregularidad, son completamente regulares.

ADQUIRIR

Presente de indicativo	Imperativo	Presente de subjuntivo
Adquiero		Adquiera
Adquieres	Adquiere tú	Adquieras
Adquiere	Adquiera él o usted	Adquiera
Adquirimos	Adquiramos nosotros	Adquiramos
Adquirís	Adquirid vosotros	Adquiráis
Adquieren	Adquieran ellos o Vds.	Adquieran

Pretérito imperfecto de indicativo

Adquiría	Adquiríamos
Adquirías	Adquiríais
Adquiría	Adquirían

Pretérito indefinido	Condicional o potencial
Adquirí	Adquiriría
Adquiriste	Adquirirías
Adquirió	Adquiriría
Adquirimos	Adquiriríamos
Adquiristeis	Adquiriríais
Adquirieron	Adquirirían

Futuro de indicativo	Imperfecto de subjuntivo	
Adquiriré	Adquiriese	o adquiriera
Adquirirás	Adquirieses	adquirieras
Adquirirá	Adquiriese	adquiriera
Adquiriremos	Adquiriésemos	adquiriéramos
Adquiriréis	Adquirieseis	adquirierais
Adquirirán	Adquiriesen	adquirieran

Gerundio	Participio pasado
Adquiriendo	Adquirido

El verbo **adquirir,** que antiguamente era **adquerir,** cambia la i acentuada de la radical en **ie** en las tres personas del singular y tercera del plural del presente de indicativo, del presente de subjuntivo, y en la segunda y tercera del singular y tercera del plural del imperativo.

Este verbo, considerado en su antigua ortografía, entra absolutamente en el grupo **e = ie.** Puede considerarse como un tipo transformado de este grupo.

El verbo **inquirir** se conjuga igual.

Corresponden a la segunda clase muchos verbos de la primera y segunda conjugación en cuya penúltima sílaba entra la **o**, la cual se cambia en **ue** en las mismas personas y por la misma causa por la que los de la clase primera cambian la **e** en **ie**.

Ejemplos:

<table>
<tr><td>

CONTAR
</td><td>

MORDER
</td></tr>
</table>

Presente de indicativo

Yo	cuento	muerdo
Tú	cuentas	muerdes
El	cuenta	muerde
Nos.	contamos	mordemos
Vos.	contáis	mordéis
Ellos	cuentan	muerden

Presente de subjuntivo

Yo	cuente	muerda
Tú	cuentes	muerdas
Él	cuente	muerda
Nos.	contemos	mordamos
Vos.	contéis	mordáis
Ellos	cuenten	muerdan

Modo imperativo

Cuenta	tú	Muerde	tú
Cuente	él o usted	Muerda	él o usted
Contemos	nosotros	Mordamos	nosotros
Contad	vosotros	Morded	vosotros
Cuenten	ellos o ustedes	Muerdan	ellos o ustedes

Los otros tiempos de estos dos modelos, así como los que siguen su irregularidad, son completamente regulares.

JUGAR

Presente de indicativo

Juego
Juegas
Juega
Jugamos
Jugáis
Juegan

Imperativo

Juega tú
Juegue él o usted
Juguemos nosotros
Jugad vosotros
Jueguen ellos o ustedes

Presente de subjuntivo

Juegue
Juegues
Juegue
Juguemos
Juguéis
Jueguen

Pretérito imperfecto de indicativo

Jugaba	Jugábamos
Jugabas	Jugabais
Jugaba	Jugaban

Futuro de indicativo

Jugaré
Jugarás
Jugará
Jugaremos
Jugaréis
Jugarán

Condicional o potencial

Jugaría
Jugarías
Jugaría
Jugaríamos
Jugaríais
Jugarían

Pretérito indefinido

Jugué
Jugaste
Jugó
Jugamos
Jugasteis
Jugaron

Imperfecto de subjuntivo

Jugase	o jugara
Jugases	jugaras
Jugase	jugara
Jugásemos	jugáramos
Jugaseis	jugarais
Jugasen	jugaran

Gerundio

Jugando

Participio pasado

Jugado

Este verbo, cuya u acentuada de la radical se cambia en **ue**, puede considerarse como un tipo alterado del grupo **o = ue** ; obedeciendo a las mismas leyes de la acentuación.

Los verbos **conjugar** y **enjugar**, compuestos de **jugar**, son regulares.

COCER

Este verbo pertenece al segundo grupo de irregularidad. Cambia la **o** en **ue** como **morder**, pero tiene también modificación ortográfica: cambia la **c** en **z** delante de toda terminación que comienza en **o** ó **a**.

Presente de indicativo

Cuezo
Cueces
Cuece
Cocemos
Cocéis
Cuecen

Imperativo

Cuece tú
Cueza él o usted
Cozamos nosotros
Coced vosotros
Cuezan ellos o ustedes

Presente de subjuntivo

Cueza
Cuezas
Cueza
Cozamos
Cozáis
Cuezan

Pretérito imperfecto de indicativo

Cocía	Cocíamos
Cocías	Cocíais
Cocía	Cocían

Futuro de indicativo

Coceré
Cocerás
Cocerá
Coceremos
Coceréis
Cocerán

Condicional o potencial

Cocería
Cocerías
Cocería
Coceríamos
Coceríais
Cocerían

Pretérito indefinido

Cocí
Cociste
Coció
Cocimos
Cocisteis
Cocieron

Imperfecto de subjuntivo

Cociera	o cociese
Cocieras	cocieses
Cociera	cociese
Cociéramos	cociésemos
Cocierais	cocieseis
Cocieran	cociesen

Gerundio

Cociendo

Participio pasado

Cocido

Pertenecen a la tercera clase los verbos terminados en -acer, -ecer, -ocer y -ucir, los cuales admiten una z antes de la c radical, siempre que ésta tenga sonido fuerte.

Exceptúanse mecer, hacer y sus compuestos de irregularidad propia, placer, yacer, cocer, escocer y los terminados en ducir, que tienen otras irregularidades.

Ejemplos:

NACER AGRADECER CONOCER LUCIR

TIEMPOS DEL PRIMER GRUPO

Presente de indicativo

Nazco	Agradezco	Conozco	Luzco
Naces	Agradeces	Conoces	Luces
Nace	Agradece	Conoce	Luce
Nacemos	Agradecemos	Conocemos	Lucimos
Nacéis	Agradecéis	Conocéis	Lucís
Nacen	Agradecen	Conocen	Lucen

Presente de subjuntivo

Nazca	Agradezca	Conozca	Luzca
Nazcas	Agradezcas	Conozcas	Luzcas
Nazca	Agradezca	Conozca	Luzca
Nazcamos	Agradezcamos	Conozcamos	Luzcamos
Nazcáis	Agradezcáis	Conozcáis	Luzcáis
Nazcan	Agradezcan	Conozcan	Luzcan

Modo imperativo

Nace	Agradece	Conoce	Luce
Nazca	Agradezca	Conozca	Luzca
Nazcamos	Agradezcamos	Conozcamos	Luzcamos
Naced	Agradeced	Conoced	Lucid
Nazcan	Agradezcan	Conozcan	Luzcan

Los demás tiempos de todo este grupo son completamente regulares.

Grupo único de los verbos terminados en **-ducir**. En los tiempos del primer grupo (presente de indicativo, presente de subjuntivo e imperativo) toman la **z** delante de la **c** de la radical, como los verbos del grupo tercero y por las mismas razones.

Además cambian la **c** en **j** en el grupo tercero (pretérito indefinido e imperfecto de subjuntivo) y suprimen la **i** de las terminaciones regulares (condujera y no conduciera).

TRADUCIR

Presente de indicativo	Imperativo	Presente de subjuntivo
Traduzco		Traduzca
Traduces	Traduce tú	Traduzcas
Traduce	Traduzca él o usted	Traduzca
Traducimos	Traduzcamos nosotros	Traduzcamos
Traducís	Traducid vosotros	Traduzcáis
Traducen	Traduzcan ellos o ustedes	Traduzcan

Pretérito imperfecto de indicativo

Traducía	Traducíamos
Traducías	Traducíais
Traducía	Traducían

Futuro de indicativo	Condicional o potencial
Traduciré	Traduciría
Traducirás	Traducirías
Traducirá	Traduciría
Traduciremos	Traduciríamos
Traduciréis	Traduciríais
Traducirán	Traducirían

Pretérito indefinido	Imperfecto de subjuntivo	
Traduje	Tradujese	o tradujera
Tradujiste	Tradujeses	tradujeras
Tradujo	Tradujese	tradujera
Tradujimos	Tradujésemos	tradujéramos
Tradujisteis	Tradujeseis	tradujerais
Tradujeron	Tradujesen	tradujeran

Gerundio	Participio pasado
Traduciendo	Traducido

Signo distintivo, cambio de **e** en **i**.
Los verbos de este grupo pertenecen todos a la tercera conjugación.
Cambian la **e** acentuada de la radical en **i**. La cambian también cuando
el acento está en una vocal de la terminación, excepto la **i**.

PEDIR

Presente de indicativo	Imperativo	Presente de subjuntivo
Pido		Pida
Pides	Pide tú	Pidas
Pide	Pida él o usted	Pida
Pedimos	Pidamos nosotros	Pidamos
Pedís	Pedid vosotros	Pidáis
Piden	Pidan ellos o ustedes	Pidan

Pretérito imperfecto de indicativo

Pedía	Pedíamos
Pedías	Pedíais
Pedía	Pedían

Futuro de indicativo	Condicional o potencial
Pediré	Pediría
Pedirás	Pedirías
Pedirá	Pediría
Pediremos	Pediríamos
Pediréis	Pediríais
Pedirán	Pedirían

Pretérito indefinido	Imperfecto de subjuntivo	
Pedí	Pidiese	o pidiera
Pediste	Pidieses	pidieras
Pidió	Pidiese	pidiera
Pedimos	Pidiésemos	pidiéramos
Pedisteis	Pidieseis	pidierais
Pidieron	Pidiesen	pidieran

Gerundio	Participio pasado
Pidiendo	Pedido

Dos grupos:

$$\text{Primer grupo :} \begin{cases} e = ie. \\ e = i. \end{cases}$$

Los verbos de este grupo cambian la e acentuada de la radical en **ie** como los de la clase primera y cambian además dicha e en **i** cuando el acento va sobre una de las vocales de la terminación, excepto la **i**.

SENTIR

Presente de indicativo	Imperativo	Presente de subjuntivo
Siento		Sienta
Sientes	Siente tú	Sientas
Siente	Sienta él o usted	Sienta
Sentimos	Sintamos nosotros	Sintamos
Sentís	Sentid vosotros	Sintáis
Sienten	Sientan ellos o ustedes	Sientan

Pretérito imperfecto de indicativo

Sentía	Sentíamos
Sentías	Sentíais
Sentía	Sentían

Futuro de indicativo	Condicional o potencial
Sentiré	Sentiría
Sentirás	Sentirías
Sentirá	Sentiría
Sentiremos	Sentiríamos
Sentiréis	Sentiríais
Sentirán	Sentirían

Pretérito indefinido	Imperfecto de subjuntivo	
Sentí	Sintiese	o sintiera
Sentiste	Sintieses	sintieras
Sintió	Sintiese	sintiera
Sentimos	Sintiésemos	sintiéramos
Sentisteis	Sintieseis	sintierais
Sintieron	Sintiesen	sintieran

Gerundio	Participio pasado
Sintiendo	Sentido

Segundo grupo

Este grupo está representado solamente por dos verbos: **dormir y morir**. Estos dos verbos cambian la **o** acentuada de la radical en **ue**, y además la cambian también en **u** cuando el acento da sobre una vocal de la terminación que no sea la **i**.

DORMIR

Presente de indicativo

Duermo
Duermes
Duerme
Dormimos
Dormís
Duermen

Imperativo

Duerme tú
Duerma él o usted
Durmamos nosotros
Dormid vosotros
Duerman ellos o ustedes

Presente de subjuntivo

Duerma
Duermas
Duerma
Durmamos
Durmáis
Duerman

Pretérito imperfecto de indicativo

Dormía	Dormíamos
Dormías	Dormíais
Dormía	Dormían

Futuro de indicativo

Dormiré
Dormirás
Dormirá
Dormiremos
Dormiréis
Dormirán

Condicional o potencial

Dormiría
Dormirías
Dormiría
Dormiríamos
Dormiríais
Dormirían

Pretérito indefinido

Dormí
Dormiste
Durmió
Dormimos
Dormisteis
Durmieron

Imperfecto de subjuntivo

Durmiese	o durmiera
Durmieses	durmieras
Durmiese	durmiera
Durmiésemos	durmiéramos
Durmieseis	durmierais
Durmiesen	durmieran

Gerundio

Durmiendo

Participio pasado

Dormido

El verbo **morir** no difiere de **dormir** más que en el participio pasado, que es irregular: **muerto**.

Como se ve, estos dos verbos representan un tipo de irregularidad idéntico al precedente. Obedecen en su doble irregularidad a las mismas leyes de acentuación, y por este motivo merecen un lugar aparte.

Todos los verbos terminados en **añer, añir, iñir, uñir** y en **eller** y **ullir**, ofrecen la irregularidad de no tomar la **i** de las terminaciones de la conjugación regular en las terceras personas del pretérito indefinido y en sus derivados, es decir, en los tiempos del tercer grupo.

TAÑER

Presente de indicativo

Taño
Tañes
Tañe
Tañemos
Tañéis
Tañen

Imperativo

Tañe tú
Taña él o usted
Tañamos nosotros
Tañed vosotros
Tañan ellos o ustedes

Presente de subjuntivo

Taña
Tañas
Taña
Tañamos
Tañáis
Tañan

Pretérito imperfecto de indicativo

Tañía	Tañíamos
Tañías	Tañíais
Tañía	Tañían

Futuro de indicativo

Tañeré
Tañerás
Tañerá
Tañeremos
Tañeréis
Tañerán

Condicional o potencial

Tañería
Tañerías
Tañería
Tañeríamos
Tañeríais
Tañerían

Pretérito indefinido

Tañí
Tañiste
Tañó
Tañimos
Tañisteis
Tañeron

Imperfecto de subjuntivo

Tañera	o tañese
Tañeras	tañeses
Tañera	tañese
Tañéramos	tañésemos
Tañerais	tañeseis
Tañeran	tañesen

Gerundio

Tañendo

Participio pasado

Tañido

MULLIR

Presente de indicativo

Mullo
Mulles
Mulle
Mullimos
Mullís
Mullen

Imperativo

Mulle tú
Mulla él o usted
Mullamos nosotros
Mullid vosotros
Mullan ellos o ustedes

Presente de subjuntivo

Mulla
Mullas
Mulla
Mullamos
Mulláis
Mullan

Pretérito imperfecto de indicativo

Mullía	Mullíamos
Mullías	Mullíais
Mullía	Mullían

Futuro de indicativo

Mulliré
Mullirás
Mullirá
Mulliremos
Mulliréis
Mullirán

Condicional o potencial

Mulliría
Mullirías
Mulliría
Mulliríamos
Mulliríais
Mullirían

Pretérito indefinido

Mullí
Mulliste
Mulló
Mullimos
Mullisteis
Mulleron

Imperfecto de subjuntivo

Mullera   o mullese
Mulleras   mulleses
Mullera   mullese
Mulléramos   mullésemos
Mullerais   mulleseis
Mulleran   mullesen

Gerundio

Mullendo

Participio pasado

Mullido

Todos los verbos terminados en **eir** y **eñir** cambian en **i** la **e** de la radical, y pierden la **i** de toda terminación que principia en **ió** o **ie** en los tiempos del tercer grupo.

TEÑIR

Presente de indicativo

	Imperativo	
Tiño		
Tiñes	Tiñe tú	
Tiñe	Tiña él o usted	
Teñimos	Tiñamos nosotros	
Teñís	Teñid vosotros	
Tiñen	Tiñan ellos o ustedes	

Presente de subjuntivo

Tiña
Tiñas
Tiña
Tiñamos
Tiñáis
Tiñan

Pretérito imperfecto de indicativo

Teñía	Teñíamos
Teñías	Teñíais
Teñía	Teñían

Futuro de indicativo

Teñiré
Teñirás
Teñirá
Teñiremos
Teñiréis
Teñirán

Condicional o potencial

Teñiría
Teñirías
Teñiría
Teñiríamos
Teñiríais
Teñirían

Pretérito indefinido

Teñí
Teñiste
Tiñó
Teñimos
Teñisteis
Tiñeron

Imperfecto de subjuntivo

Tiñera	o tiñese
Tiñeras	tiñeses
Tiñera	tiñese
Tiñéramos	tiñésemos
Tiñerais	tiñeseis
Tiñeran	tiñesen

Gerundio

Tiñendo

Participio pasado

Teñido

REÍR

Presente de indicativo

Río
Ríes
Ríe
Reímos
Reís
Ríen

Imperativo

Ríe tú
Ría él o usted
Riamos nosotros
Reíd vosotros
Rían ellos o ustedes

Presente de subjuntivo

Ría
Rías
Ría
Riamos
Riáis
Rían

Pretérito imperfecto de indicativo

Reía	Reíamos
Reías	Reíais
Reía	Reían

Futuro de indicativo

Reiré
Reirás
Reirá
Reiremos
Reiréis
Reirán

Condicional o potencial

Reiría
Reirías
Reiría
Reiríamos
Reiríais
Reirían

Pretérito indefinido

Reí
Reíste
Rió
Reímos
Reísteis
Rieron

Imperfecto de subjuntivo

Riera	o riese
Rieras	rieses
Riera	riese
Riéramos	riésemos
Rierais	rieseis
Rieran	riesen

Gerundio

Riendo

Participio pasado

Reído

Grupo único: { **y añadida.**
{ **i = y.**

Los verbos de este grupo pertenecen todos a la tercera conjugación, y su infinitivo termina en **uir**. Cuando la terminación comienza por **a, e, u, o,** se intercala una y entre la radical y la terminación. Cuando la terminación comienza por una i no acentuada, esta **i** se cambia en **y** en el participio presente, en la tercera persona de singular y tercera de plural del pretérito indefinido y en los tiempos que de él derivan.

INSTRUIR

Presente de indicativo		Presente de subjuntivo
Instruyo	**Imperativo**	Instruya
Instruyes	Instruye tú	Instruyas
Instruye	Instruya él o usted	Instruya
Instruímos	Instruyamos nosotros	Instruyamos
Instruís	Instruid vosotros	Instruyáis
Instruyen	Instruyan ellos o ustedes	Instruyan

Pretérito imperfecto de indicativo

Instruía	Instruíamos
Instruías	Instruíais
Instruía	Instruían

Futuro de indicativo	**Condicional o potencial**
Instruiré	Instruiría
Instruirás	Instruirías
Instruirá	Instruiría
Instruiremos	Instruiríamos
Instruiréis	Instruiríais
Instruirán	Instruirían

Pretérito indefinido	**Imperfecto de subjuntivo**	
Instruí	Instruyese	o instruyera
Instruiste	Instruyeses	instruyeras
Instruyó	Instruyese	instruyera
Instruímos	Instruyésemos	instruyéramos
Instruisteis	Instruyeseis	instruyerais
Instruyeron	Instruyesen	instruyeran

Gerundio	**Participio pasado**
Instruyendo	Instruído

Todos los verbos que terminan en **uir**, siguen esta irregularidad.

Según se ha dicho en las **irregularidades ortográficas**, la Real Academia Española no considera como irregularidad el cambio de la i breve de la terminación en **y** delante de una vocal acentuada. Según ella, este cambio, debido a la eufonía, no constituye más que una modificación ortográfica. No queda, pues, en estos verbos como tiempos realmente irregulares más que el presente de indicativo, el presente de subjuntivo y el imperativo (**y añadida**).

Verbo ANDAR — Tiempos simples

Presente de indicativo		Presente de subjuntivo
Ando	**Imperativo**	Ande
Andas	Anda tú	Andes
Anda	Ande él o usted	Ande
Andamos	Andemos nosotros	Andemos
Andáis	Andad vosotros	Andéis
Andan	Anden ellos o ustedes	Anden

Pretérito imperfecto de indicativo

Andaba	Andábamos
Andabas	Andabais
Andaba	Andaban

Futuro de indicativo	Condicional o potencial
Andaré	Andaría
Andarás	Andarías
Andará	Andaría
Andaremos	Andaríamos
Andaréis	Andaríais
Andarán	Andarían

Pretérito indefinido	Imperfecto de subjuntivo	
Anduve	Anduviese	o anduviera
Anduviste	Anduvieses	anduvieras
Anduvo	Anduviese	anduviera
Anduvimos	Anduviésemos	anduviéramos
Anduvisteis	Anduvieseis	anduvierais
Anduvieron	Anduviesen	anduvieran

Gerundio	Participio pasado
Andando	Andado

Este verbo es irregular en el pretérito indefinido y en los tiempos que de él derivan.

Verbo DAR — Tiempos simples

Presente de indicativo	Imperativo	Presente de subjuntivo
Doy		Dé
Das	Da tú	Des
Da	Dé él o usted	Dé
Damos	Demos nosotros	Demos
Dais	Dad vosotros	Deis
Dan	Den ellos o ustedes	Den

Pretérito imperfecto de indicativo

Daba	Dábamos
Dabas	Dabais
Daba	Daban

Futuro de indicativo	Condicional o potencial
Daré	Daría
Darás	Darías
Dará	Daría
Daremos	Daríamos
Daréis	Daríais
Darán	Darían

Pretérito indefinido	Imperfecto de subjuntivo	
Di	Diese	o diera
Diste	Dieses	dieras
Dio	Diese	diera
Dimos	Diésemos	diéramos
Disteis	Dieseis	dierais
Dieron	Diesen	dieran

Gerundio	Participio pasado
Dando	Dado

Este verbo toma una y en la primera persona de singular del presente de indicativo. El pretérito indefinido y los tiempos que de él derivan tienen esta particularidad: toman las terminaciones de los verbos regulares de la segunda y tercera conjugación.

Verbo CABER — Tiempos simples

Presente de indicativo   **Presente de subjuntivo**

Quepo	**Imperativo**	Quepa
Cabes	Cabe tú	Quepas
Cabe	Quepa él o usted	Quepa
Cabemos	Quepamos nosotros	Quepamos
Cabéis	Cabed vosotros	Quepáis
Caben	Quepan ellos o ustedes	Quepan

Pretérito imperfecto de indicativo

Cabía	Cabíamos
Cabías	Cabíais
Cabía	Cabían

Futuro de indicativo | **Condicional o potencial**

Cabré	Cabría
Cabrás	Cabrías
Cabrá	Cabría
Cabremos	Cabríamos
Cabréis	Cabríais
Cabrán	Cabrían

Pretérito indefinido | **Imperfecto de subjuntivo**

Cupe	Cupiese	o cupiera
Cupiste	Cupieses	cupieras
Cupo	Cupiese	cupiera
Cupimos	Cupiésemos	cupiéramos
Cupisteis	Cupieseis	cupierais
Cupieron	Cupiesen	cupieran

Gerundio | **Participio pasado**

Cabiendo	Cabido

Este verbo indica la capacidad: que una cosa pueda estar dentro de otra.

Verbo CAER — Tiempos simples

Presente de indicativo   **Presente de subjuntivo**

Presente de indicativo	**Imperativo**	Presente de subjuntivo
Caigo		Caiga
Caes	Cae tú	Caigas
Cae	Caiga él o usted	Caiga
Caemos	Caigamos nosotros	Caigamos
Caéis	Caed vosotros	Caigáis
Caen	Caigan ellos o ustedes	Caigan

Pretérito imperfecto de indicativo

Caía	Caíamos
Caías	Caíais
Caía	Caían

Futuro de indicativo   **Condicional o potencial**

Futuro de indicativo	Condicional o potencial
Caeré	Caería
Caerás	Caerías
Caerá	Caería
Caeremos	Caeríamos
Caeréis	Caeríais
Caerán	Caerían

Pretérito indefinido   **Imperfecto de subjuntivo**

Pretérito indefinido	Imperfecto de subjuntivo	
Caí	Cayese	o cayera
Caíste	Cayeses	cayeras
Cayó	Cayese	cayera
Caímos	Cayésemos	cayéramos
Caísteis	Cayeseis	cayerais
Cayeron	Cayesen	cayeran

Gerundio   **Participio pasado**

Gerundio	Participio pasado
Cayendo	Caído

Este verbo es muy usado en la forma reflexiva. **Decaer** y **recaer** se conjugan igual.

Verbo HACER — Tiempos simples

Presente de indicativo

Presente de subjuntivo

Presente de indicativo	Imperativo	Presente de subjuntivo
Hago		Haga
Haces	Haz tú	Hagas
Hace	Haga él o usted	Haga
Hacemos	Hagamos nosotros	Hagamos
Hacéis	Haced vosotros	Hagáis
Hacen	Hagan ellos o ustedes	Hagan

Pretérito imperfecto de indicativo

Hacía	Hacíamos
Hacías	Hacíais
Hacía	Hacían

Futuro de indicativo | Condicional o potencial

Futuro de indicativo	Condicional o potencial
Haré	Haría
Harás	Harías
Hará	Haría
Haremos	Haríamos
Haréis	Haríais
Harán	Harían

Pretérito indefinido | Imperfecto de subjuntivo

Pretérito indefinido	Imperfecto de subjuntivo	
Hice	Hiciese	o hiciera
Hiciste	Hicieses	hicieras
Hizo	Hiciese	hiciera
Hicimos	Hiciésemos	hiciéramos
Hicisteis	Hicieseis	hicierais
Hicieron	Hiciesen	hicieran

Gerundio | Participio pasado

Gerundio	Participio pasado
Haciendo	Hecho

Verbo muy irregular: sus compuestos **deshacer, rehacer, contrahacer** tienen la misma irregularidad. **Satisfacer** conserva la **f** en vez de **h**, y la segunda persona de singular del imperativo es **satisfaz** o **satisface**.

Verbo PODER — Tiempos simples

Presente de indicativo	Imperativo	Presente de subjuntivo
Puedo		Pueda
Puedes	Puede tú	Puedas
Puede	Pueda él o usted	Pueda
Podemos	Podamos nosotros	Podamos
Podéis	Poded vosotros	Podáis
Pueden	Puedan ellos o ustedes	Puedan

Pretérito imperfecto de indicativo

Podía	Podíamos
Podías	Podíais
Podía	Podían

Futuro de indicativo | Condicional o potencial

Futuro de indicativo	Condicional o potencial
Podré	Podría
Podrás	Podrías
Podrá	Podría
Podremos	Podríamos
Podréis	Podríais
Podrán	Podrían

Pretérito indefinido | Imperfecto de subjuntivo

Pretérito indefinido	Imperfecto de subjuntivo	
Pude	Pudiese	o pudiera
Pudiste	Pudieses	pudieras
Pudo	Pudiese	pudiera
Pudimos	Pudiésemos	pudiéramos
Pudisteis	Pudieseis	pudierais
Pudieron	Pudiesen	pudieran

Gerundio | Participio pasado

Gerundio	Participio pasado
Pudiendo	Podido

El verbo **poder** no pasa su irregularidad a ningún otro verbo; pero por su presente de indicativo y los tiempos que de él derivan forma parte del grupo **o = ue.**

Verbo PONER — Tiempos simples

Presente de indicativo   **Presente de subjuntivo**

	Imperativo	
Pongo		Ponga
Pones	Pon tú	Pongas
Pone	Ponga él o usted	Ponga
Ponemos	Pongamos nosotros	Pongamos
Ponéis	Poned vosotros	Pongáis
Ponen	Pongan ellos o ustedes	Pongan

Pretérito imperfecto de indicativo

Ponía	Poníamos
Ponías	Poníais
Ponía	Ponían

Futuro de indicativo   **Condicional o potencial**

Pondré	Pondría
Pondrás	Pondrías
Pondrá	Pondría
Pondremos	Pondríamos
Pondréis	Pondríais
Pondrán	Pondrían

Pretérito indefinido   **Imperfecto de subjuntivo**

Puse	Pusiese	o pusiera
Pusiste	Pusieses	pusieras
Puso	Pusiese	pusiera
Pusimos	Pusiésemos	pusiéramos
Pusisteis	Pusieseis	pusierais
Pusieron	Pusiesen	pusieran

Gerundio   **Participio pasado**

Poniendo   Puesto

Como este verbo, se conjugan todos sus compuestos: se vuelve reflexivo cuando se habla de **vestirse** reemplazando el adjetivo posesivo de la frase francesa por un artículo: me pongo la blusa, me pongo el sombrero.

Verbo QUERER — Tiempos simples

Presente de indicativo

Quiero
Quieres
Quiere
Queremos
Queréis
Quieren

Imperativo

Quiere tú
Quiera él o usted
Queramos nosotros
Quered vosotros
Quieran ellos o ustedes

Presente de subjuntivo

Quiera
Quieras
Quiera
Queramos
Queráis
Quieran

Pretérito imperfecto de indicativo

Quería	Queríamos
Querías	Queríais
Quería	Querían

Futuro de indicativo

Querré
Querrás
Querrá
Querremos
Querréis
Querrán

Condicional o potencial

Querría
Querrías
Querría
Querríamos
Querríais
Querrían

Pretérito indefinido

Quise
Quisiste
Quiso
Quisimos
Quisisteis
Quisieron

Imperfecto de subjuntivo

Quisiese	o quisiera
Quisieses	quisieras
Quisiese	quisiera
Quisiésemos	quisiéramos
Quisieseis	quisierais
Quisiesen	quisieran

Gerundio

Queriendo

Participio pasado

Querido

Este verbo en su primer grupo de tiempos forma parte de los verbos del primer grupo de irregularidades, e = ie. **Querer** en su calidad de **amar** va seguido siempre de la preposición a.

Verbo SABER — Tiempos simples

Presente de indicativo   **Presente de subjuntivo**

	Imperativo	
Sé		Sepa
Sabes	Sabe tú	Sepas
Sabe	Sepa él o usted	Sepa
Sabemos	Sepamos nosotros	Sepamos
Sabéis	Sabed vosotros	Sepáis
Saben	Sepan ellos o ustedes	Sepan

Pretérito imperfecto de indicativo

Sabía	Sabíamos
Sabías	Sabíais
Sabía	Sabían

Futuro de indicativo   **Condicional o potencial**

Sabré	Sabría
Sabrás	Sabrías
Sabrá	Sabría
Sabremos	Sabríamos
Sabréis	Sabríais
Sabrán	Sabrían

Pretérito indefinido   **Imperfecto de subjuntivo**

Supe	Supiese o supiera
Supiste	Supieses supieras
Supo	Supiese supiera
Supimos	Supiésemos supiéramos
Supisteis	Supieseis supierais
Supieron	Supiesen supieran

Gerundio   **Participio pasado**

Sabiendo	Sabido

Este verbo además de indicar el conocimiento profundo de las cosas, traduce también el verbo **sentir** cuando se habla del gusto o sabor de los alimentos.

Verbo TRAER — Tiempos simples

Presente de indicativo   **Presente de subjuntivo**

	Imperativo	
Traigo		Traiga
Traes	Trae tú	Traigas
Trae	Traiga él o usted	Traiga
Traemos	Traigamos nosotros	Traigamos
Traéis	Traed vosotros	Traigáis
Traen	Traigan ellos o ustedes	Traigan

Pretérito imperfecto de indicativo

Traía	Traíamos
Traías	Traíais
Traía	Traían

Futuro de indicativo   **Condicional o potencial**

Traeré	Traería
Traerás	Traerías
Traerá	Traería
Traeremos	Traeríamos
Traeréis	Traeríais
Traerán	Traerían

Pretérito indefinido   **Imperfecto de subjuntivo**

Traje	Trajese	o trajera
Trajiste	Trajeses	trajeras
Trajo	Trajese	trajera
Trajimos	Trajésemos	trajéramos
Trajisteis	Trajeseis	trajerais
Trajeron	Trajesen	trajeran

Gerundio   **Participio pasado**

Trayendo   Traído

Según este modelo se conjugan **abstraer, atraer, contraer, distraer, extraer, retraer, sustraer,** etc.

Verbo VALER — Tiempos simples

Presente de indicativo   **Presente de subjuntivo**

Valgo	**Imperativo**	Valga
Vales	Vale tú	Valgas
Vale	Valga él o usted	Valga
Valemos	Valgamos nosotros	Valgamos
Valéis	Valed vosotros	Valgáis
Valen	Valgan ellos o ustedes	Valgan

Pretérito imperfecto de indicativo

Valía	Valíamos
Valías	Valíais
Valía	Valían

Futuro de indicativo   **Condicional o potencial**

Valdré	Valdría
Valdrás	Valdrías
Valdrá	Valdría
Valdremos	Valdríamos
Valdréis	Valdríais
Valdrán	Valdrían

Pretérito indefinido   **Imperfecto de subjuntivo**

Valí	Valiese	o valiera
Valiste	Valieses	valieras
Valió	Valiese	valiera
Valimos	Valiésemos	valiéramos
Valisteis	Valieseis	valierais
Valieron	Valiesen	valieran

Gerundio   **Participio pasado**

Valiendo   Valido

Tiene algunos compuestos que siguen su irregularidad y que se hallan en el índice.

Ninguna de las dos formas de la segunda persona de singular del modo imperativo de este verbo suele emplearse sin los pronombres **me, te, nos:** **valme** o **váleme, valte** o **válete, valnos** o **válenos.**

Verbo VER — Tiempos simples

Presente de indicativo   **Presente de subjuntivo**

Veo   **Imperativo**   Vea
Ves   Ve tú   Veas
Ve   Vea él o usted   Vea
Vemos   Veamos nosotros   Veamos
Veis   Ved vosotros   Veáis
Ven   Vean ellos o ustedes   Vean

Pretérito imperfecto de indicativo

Veía   Veíamos
Veías   Veíais
Veía   Veían

Futuro de indicativo   **Condicional o potencial**

Veré   Vería
Verás   Verías
Verá   Vería
Veremos   Veríamos
Veréis   Veríais
Verán   Verían

Pretérito indefinido   **Imperfecto de subjuntivo**

Vi   Viese   o viera
Viste   Vieses   vieras
Vio   Viese   viera
Vimos   Viésemos   viéramos
Visteis   Vieseis   vierais
Vieron   Viesen   vieran

Gerundio   **Participio pasado**

Viendo   Visto

Se conjugan como ver: **antever, prever, entrever y rever**; pero **proveer** es regular, sólo tiene modificación ortográfica como los terminados en **eer**.

Verbo DECIR — Tiempos simples

Presente de indicativo

Presente de subjuntivo

Imperativo

Presente de indicativo	Imperativo	Presente de subjuntivo
Digo		Diga
Dices	Di tú	Digas
Dice	Diga él o usted	Diga
Decimos	Digamos nosotros	Digamos
Decís	Decid vosotros	Digáis
Dicen	Digan ellos o ustedes	Digan

Pretérito imperfecto de indicativo

Decía	Decíamos
Decías	Decíais
Decía	Decían

Futuro de indicativo

Condicional o potencial

Futuro de indicativo	Condicional o potencial
Diré	Diría
Dirás	Dirías
Dirá	Diría
Diremos	Diríamos
Diréis	Diríais
Dirán	Dirían

Pretérito indefinido

Imperfecto de subjuntivo

Pretérito indefinido	Imperfecto de subjuntivo	
Dije	Dijese	o dijera
Dijiste	Dijeses	dijeras
Dijo	Dijese	dijera
Dijimos	Dijésemos	dijéramos
Dijisteis	Dijeseis	dijerais
Dijeron	Dijesen	dijeran

Gerundio

Participio pasado

Gerundio	Participio pasado
Diciendo	Dicho

Verbo muy irregular. Sus compuestos **contradecir, desdecir, predecir** tienen la segunda persona de singular del imperativo diferente: **contradice, desdice, predice.**

Los verbos **bendecir** y **maldecir** tienen el futuro y condicional regulares, así como la segunda persona singular del imperativo.

Verbo IR — Tiempos simples

Presente de indicativo   **Presente de subjuntivo**

	Imperativo	
Voy		Vaya
Vas	Ve tú	Vayas
Va	Vaya él o usted	Vaya
Vamos	Vayamos nosotros	Vayamos
Vais	Id vosotros	Vayáis
Van	Vayan ellos o ustedes	Vayan

Pretérito imperfecto de indicativo

Iba	Íbamos
Ibas	Ibais
Iba	Iban

Futuro de indicativo   **Condicional o potencial**

Iré	Iría
Irás	Irías
Irá	Iría
Iremos	Iríamos
Iréis	Iríais
Irán	Irían

Pretérito indefinido   **Imperfecto de subjuntivo**

Fui	Fuese o fuera
Fuiste	Fueses fueras
Fue	Fuese fuera
Fuimos	Fuésemos fuéramos
Fuisteis	Fueseis fuerais
Fueron	Fuesen fueran

Gerundio   **Participio pasado**

Yendo   Ido

El más irregular de los verbos españoles; en los tiempos que parecen
regulares no consta más que de la terminación. No tiene ningún derivado.

Verbo OIR — Tiempos simples

Presente de indicativo

Presente de subjuntivo

Presente de indicativo	Imperativo	Presente de subjuntivo
Oigo		Oiga
Oyes	Oye tú	Oigas
Oye	Oiga él o usted	Oiga
Oímos	Oigamos nosotros	Oigamos
Oís	Oíd vosotros	Oigáis
Oyen	Oigan ellos o ustedes	Oigan

Pretérito imperfecto de indicativo

Oía	Oíamos
Oías	Oíais
Oía	Oían

Futuro de indicativo

Condicional o potencial

Futuro de indicativo	Condicional o potencial
Oiré	Oiría
Oirás	Oirías
Oirá	Oiría
Oiremos	Oiríamos
Oiréis	Oiríais
Oirán	Oirían

Pretérito indefinido

Imperfecto de subjuntivo

Pretérito indefinido	Imperfecto de subjuntivo	
Oí	Oyese	u oyera
Oíste	Oyeses	oyeras
Oyó	Oyese	oyera
Oímos	Oyésemos	oyéramos
Oísteis	Oyeseis	oyerais
Oyeron	Oyesen	oyeran

Gerundio

Participio pasado

Gerundio	Participio pasado
Oyendo	Oído

Además de su irregularidad propia, tiene irregularidad ortográfica. Cambia la i en y entre dos vocales fuertes.

Verbo SALIR — Tiempos simples

Presente de indicativo   **Presente de subjuntivo**

Salgo	**Imperativo**	Salga
Sales	Sal tú	Salgas
Sale	Salga él o usted	Salga
Salimos	Salgamos nosotros	Salgamos
Salís	Salid vosotros	Salgáis
Salen	Salgan ellos o ustedes	Salgan

Pretérito imperfecto de indicativo

Salía	Salíamos
Salías	Salíais
Salía	Salían

Futuro de indicativo   **Condicional o potencial**

Saldré	Saldría
Saldrás	Saldrías
Saldrá	Saldría
Saldremos	Saldríamos
Saldréis	Saldríais
Saldrán	Saldrían

Pretérito indefinido   **Imperfecto de subjuntivo**

Salí	Saliese	o saliera
Saliste	Salieses	salieras
Salió	Saliese	saliera
Salimos	Saliésemos	saliéramos
Salisteis	Salieseis	salierais
Salieron	Saliesen	salieran

Gerundio   **Participio pasado**

Saliendo   Salido

Este verbo toma como los verbos **venir** y **valer** una **g** delante de una terminación en **o** o **a**. **Sobresalir** tiene la misma irregularidad.

Verbo VENIR — Tiempos simples

Presente de indicativo

Vengo
Vienes
Viene
Venimos
Venís
Vienen

Imperativo

Ven tú
Venga él o usted
Vengamos nosotros
Venid vosotros
Vengan ellos o ustedes

Presente de subjuntivo

Venga
Vengas
Venga
Vengamos
Vengáis
Vengan

Pretérito imperfecto de indicativo

Venía	Veníamos
Venías	Veníais
Venía	Venían

Futuro de indicativo

Vendré
Vendrás
Vendrá
Vendremos
Vendréis
Vendrán

Condicional o potencial

Vendría
Vendrías
Vendría
Vendríamos
Vendríais
Vendrían

Pretérito indefinido

Vine
Viniste
Vino
Vinimos
Vinisteis
Vinieron

Imperfecto de subjuntivo

Viniese	o viniera
Vinieses	vinieras
Viniese	viniera
Viniésemos	viniéramos
Vinieseis	vinierais
Viniesen	vinieran

Gerundio

Viniendo

Participio pasado

Venido

Tiene algunos compuestos que están en el índice.

Verbo PODRIR o PUDRIR

Este verbo se ha usado por buenos escritores, y aun sigue usándose generalmente, con **o** ó con **u** en el infinitivo y en varios de los tiempos de su conjugación, lo cual ha debido fijar la Academia, prefiriendo la **u** a la **o** en todos los modos, tiempos y personas, exceptuados tan sólo el infinitivo, que puede ser indistintamente **podrir** o **pudrir**, y el participio pasado (podrido), que nunca o rara vez se habrá usado con u. Con esto se logran dos ventajas: convertir en casi regular un verbo que por su arbitraria conjugación no lo era, y evitar que en alguno de sus tiempos (podría, podrías, etc.) se confunda con el verbo **poder** (R. A.).

Presente de indicativo

Pudro
Pudres
Pudre
Pudrimos
Pudrís
Pudren

Imperativo

Pudre tú
Pudra él o usted
Pudramos nosotros
Pudrid vosotros
Pudran ellos o ustedes

Presente de subjuntivo

Pudra
Pudras
Pudra
Pudramos
Pudráis
Pudran

Pretérito imperfecto de indicativo

Pudría	Pudríamos
Pudrías	Pudríais
Pudría	Pudrían

Futuro de indicativo

Pudriré
Pudrirás
Pudrirá
Pudriremos
Pudriréis
Pudrirán

Condicional o potencial

Pudriría
Pudrirías
Pudriría
Pudriríamos
Pudriríais
Pudrirían

Pretérito indefinido

Pudrí
Pudriste
Pudrió
Pudrimos
Pudristeis
Pudrieron

Imperfecto de subjuntivo

Pudriese	o pudriera
Pudrieses	pudrieras
Pudriese	pudriera
Pudriésemos	pudriéramos
Pudrieseis	pudrierais
Pudriesen	pudrieran

Gerundio

Pudriendo

Participio pasado

Podrido

Este verbo es muy poco usado, y se emplea sobre todo en sentido figurado.

1. Los verbos cuya última letra de la radical es una **c**, cambian esta letra en **qu** delante de una **e**.

Ejemplo:

ATACAR

Presente de indicativo	Imperativo	Presente de subjuntivo
Ataco		Ataque
Atacas	Ataca tú	Ataques
Ataca	Ataque él o usted	Ataque
Atacamos	Ataquemos nosotros	Ataquemos
Atacáis	Atacad vosotros	Ataquéis
Atacan	Ataquen ellos o ustedes	Ataquen

Pretérito imperfecto de indicativo

Atacaba	Atacábamos
Atacabas	Atacabais
Atacaba	Atacaban

Futuro de indicativo	Condicional o potencial
Atacaré	Atacaría
Atacarás	Atacarías
Atacará	Atacaría
Atacaremos	Atacaríamos
Atacaréis	Atacaríais
Atacarán	Atacarían

Pretérito indefinido	Imperfecto de subjuntivo	
Ataqué	Atacase	o atacara
Atacaste	Atacases	atacaras
Atacó	Atacase	atacara
Atacamos	Atacásemos	atacáramos
Atacasteis	Atacaseis	atacarais
Atacaron	Atacasen	atacaran

Gerundio	Participio pasado
Atacando	Atacado

Siguen este ejemplo : buscar, explicar, publicar y tocar.

2. Los verbos cuya última letra de la radical es una **g**, toman una **u** después de la **g**, delante de una **e**:

Ejemplo:

PAGAR

Presente de indicativo

Pago
Pagas
Paga
Pagamos
Pagáis
Pagan

Imperativo

Paga tú
Pague él o usted
Paguemos nosotros
Pagad vosotros
Paguen ellos o ustedes

Presente de subjuntivo

Pague
Pagues
Pague
Paguemos
Paguéis
Paguen

Pretérito imperfecto de indicativo

Pagaba	Pagábamos
Pagabas	Pagabais
Pagaba	Pagaban

Futuro de indicativo

Pagaré
Pagarás
Pagará
Pagaremos
Pagaréis
Pagarán

Condicional o potencial

Pagaría
Pagarías
Pagaría
Pagaríamos
Pagaríais
Pagarían

Pretérito indefinido

Pagué
Pagaste
Pagó
Pagamos
Pagasteis
Pagaron

Imperfecto de subjuntivo

Pagase	o pagara
Pagases	pagaras
Pagase	pagara
Pagásemos	pagáramos
Pagaseis	pagarais
Pagasen	pagaran

Gerundio

Pagando

Participio pasado

Pagado

El verbo **llegar** sigue esta misma regla.

3. **Observación:** Los verbos cuya última letra de la radical es una **e**, doblan esta vocal en los tiempos y personas indicadas en el ejemplo siguiente, es decir, en la primera persona de singular del pretérito indefinido, en la segunda singular, primera plural y tercera plural del imperativo, y en todas las personas del presente de subjuntivo.

Ejemplo:

DESEAR

Presente de indicativo	Imperativo	Presente de subjuntivo
Deseo		Desee
Deseas	Desea tú	Desees
Desea	Desee él o usted	Desee
Deseamos	Deseemos nosotros	Deseemos
Deseáis	Desead vosotros	Deseéis
Desean	Deseen ellos o ustedes	Deseen

Pretérito imperfecto de indicativo
Deseaba	Deseábamos
Deseabas	Deseabais
Deseaba	Deseaban

Futuro de indicativo	Condicional o potencial
Desearé	Desearía
Desearás	Desearías
Deseará	Desearía
Desearemos	Desearíamos
Desearéis	Desearíais
Desearán	Desearían

Pretérito indefinido	Imperfecto de subjuntivo	
Deseé	Desease	o deseara
Deseaste	Deseases	desearas
Deseó	Desease	deseara
Deseamos	Deseásemos	deseáramos
Deseasteis	Deseaseis	desearais
Desearon	Deseasen	desearan

Gerundio	Participio pasado
Deseando	Deseado

Sigue esta regla el verbo **pasear**.

Estas modificaciones ortográficas no constituyen ninguna irregularidad verbal.

1. En la segunda conjugación, los verbos cuya última letra de la radical es una **c** precedida de una consonante, cambian la **c** en **z** delante de una **o** ó una **a**.

Ejemplo:

VENCER

Presente de indicativo		Presente de subjuntivo
Venzo	**Imperativo**	Venza
Vences	Vence tú	Venzas
Vence	Venza él o usted	Venza
Vencemos	Venzamos nosotros	Venzamos
Vencéis	Venced vosotros	Venzáis
Vencen	Venzan ellos o ustedes	Venzan

Pretérito imperfecto de indicativo

Vencía	Vencíamos
Vencías	Vencíais
Vencía	Vencían

Futuro de indicativo	Condicional o potencial
Venceré	Vencería
Vencerás	Vencerías
Vencerá	Vencería
Venceremos	Venceríamos
Venceréis	Venceríais
Vencerán	Vencerían

Pretérito indefinido	Imperfecto de subjuntivo	
Vencí	Venciese	o venciera
Venciste	Vencieses	vencieras
Venció	Venciese	venciera
Vencimos	Venciésemos	venciéramos
Vencisteis	Vencieseis	vencierais
Vencieron	Venciesen	vencieran

Gerundio	Participio pasado
Venciendo	Vencido

El verbo **convencer** sigue esta misma regla.

2. Los verbos cuya última letra de la radical es una **g**, cambian esta letra en **j** delante de una **o** ó una **a**.

Ejemplo:

ACOGER

Presente de indicativo	Imperativo	Presente de subjuntivo
Acojo		Acoja
Acoges	Acoge tú	Acojas
Acoge	Acoja él o usted	Acoja
Acogemos	Acojamos nosotros	Acojamos
Acogéis	Acoged vosotros	Acojáis
Acogen	Acojan ellos o ustedes	Acojan

Pretérito imperfecto de indicativo

Acogía	Acogíamos
Acogías	Acogíais
Acogía	Acogían

Futuro de indicativo	Condicional o potencial
Acogeré	Acogería
Acogerás	Acogerías
Acogerá	Acogería
Acogeremos	Acogeríamos
Acogeréis	Acogeríais
Acogerán	Acogerían

Pretérito indefinido	Imperfecto de subjuntivo	
Acogí	Acogiese o acogiera	
Acogiste	Acogieses	acogieras
Acogió	Acogiese	acogiera
Acogimos	Acogiésemos	acogiéramos
Acogisteis	Acogieseis	acogierais
Acogieron	Acogiesen	acogieran

Gerundio	Participio pasado
Acogiendo	Acogido

Los verbos **proteger**, **escoger** siguen esta regla.

3. Los verbos cuya última letra de la radical es una **e**, cambian la **i** inicial de la terminación en **y** delante de una vocal tónica, es decir, en el participio presente, en la tercera persona del singular y la tercera del plural del pretérito indefinido y en todas las personas de las dos formas del imperfecto de subjuntivo.

Ejemplo:

POSEER

Presente de indicativo	Imperativo	Presente de subjuntivo
Poseo		Posea
Posees	Posee tú	Poseas
Posee	Posea él o usted	Posea
Poseemos	Poseamos nosotros	Poseamos
Poseéis	Poseed vosotros	Poseáis
Poseen	Posean ellos o ustedes	Posean

Pretérito imperfecto de indicativo

Poseía	Poseíamos
Poseías	Poseíais
Poseía	Poseían

Futuro de indicativo	Condicional o potencial
Poseeré	Poseería
Poseerás	Poseerías
Poseerá	Poseería
Poseeremos	Poseeríamos
Poseeréis	Poseeríais
Poseerán	Poseerían

Pretérito indefinido	Imperfecto de subjuntivo	
Poseí	Poseyera	o poseyese
Poseiste	Poseyeras	poseyeses
Poseyó	Poseyera	poseyese
Poseímos	Poseyéramos	poseyésemos
Poseisteis	Poseyerais	poseyeseis
Poseyeron	Poseyeran	poseyesen

Gerundio	Participio pasado
Poseyendo	Poseído

Los verbos **creer** y **leer** siguen esta misma regla.

1. Los verbos de la tercera conjugación cuya última letra de la radical es una **c**, cambian esta letra en **z** delante de una **o** ó una **a**.

Ejemplo:

ESPARCIR

Presente de indicativo	Imperativo	Presente de subjuntivo
Esparzo		Esparza
Esparces	Esparce tú	Esparzas
Esparce	Esparza él o usted	Esparza
Esparcimos	Esparzamos nosotros	Esparzamos
Esparcís	Esparcid vosotros	Esparzáis
Esparcen	Esparzan ellos o ustedes	Esparzan

Pretérito imperfecto de indicativo

Esparcía	Esparcíamos
Esparcías	Esparcíais
Esparcía	Esparcían

Futuro de indicativo	Condicional o potencial
Esparciré	Esparciría
Esparcirás	Esparcirías
Esparcirá	Esparciría
Esparciremos	Esparciríamos
Esparciréis	Esparciríais
Esparcirán	Esparcirían

Pretérito indefinido	Imperfecto de subjuntivo	
Esparcí	Esparciese	o esparciera
Esparciste	Esparcieses	esparcieras
Esparció	Esparciese	esparciera
Esparcimos	Esparciésemos	esparciéramos
Esparcisteis	Esparcieseis	esparcierais
Esparcieron	Esparciesen	esparcieran

Gerundio	Participio pasado
Esparciendo	Esparcido

2. Los verbos cuya última letra de la radical es una **g**, la cambian en **j** delante de una **o** ó una **a**.

Ejemplo:

FINGIR

Presente de indicativo	Imperativo	Presente de subjuntivo
Finjo		Finja
Finges	Finge tú	Finjas
Finge	Finja él o usted	Finja
Fingimos	Finjamos nosotros	Finjamos
Fingís	Fingid vosotros	Finjáis
Fingen	Finjan ellos o ustedes	Finjan

Pretérito imperfecto de indicativo

Fingía	Fingíamos
Fingías	Fingíais
Fingía	Fingían

Futuro de indicativo	Condicional o potencial
Fingiré	Fingiría
Fingirás	Fingirías
Fingirá	Fingiría
Fingiremos	Fingiríamos
Fingiréis	Fingiríais
Fingirán	Fingirían

Pretérito indefinido	Imperfecto de subjuntivo	
Fingí	Fingiese	o fingiera
Fingiste	Fingieses	fingieras
Fingió	Fingiese	fingiera
Fingimos	Fingiésemos	fingiéramos
Fingisteis	Fingieseis	fingierais
Fingieron	Fingiesen	fingieran

Gerundio	Participio pasado
Fingiendo	Fingido

Los verbos **dirigir** y **erigir** siguen la misma irregularidad.

3. Los verbos en **uir** toman una **y** después de la **u** de la radical, delante de las vocales **a, e, o,** pero nunca delante de una **i**. Cambian, además, la **i** inicial de la terminación en **y** delante de una vocal tónica, es decir, en el participio presente, en la tercera persona de singular y de plural del pretérito indefinido y en las dos formas del imperfecto de subjuntivo.

La **y** añadida constituye una verdadera irregularidad. Sólo el cambio de **i** en **y** es una modificación ortográfica.

Los verbos en **uir** figuran entre los verbos irregulares.

Se conjugan según esta regla los verbos **concluir, instruir,** etc., señalado este último en la página 42.

Ejemplo: **CONCLUIR**

Presente de indicativo
Concluyo
Concluyes
Concluye
Concluimos
Concluís
Concluyen

Imperativo
Concluye tú
Concluya él o usted
Concluyamos nosotros
Concluid vosotros
Concluyan ellos o ustedes

Presente de subjuntivo
Concluya
Concluyas
Concluya
Concluyamos
Concluyáis
Concluyan

Pretérito imperfecto de indicativo
Concluía	Concluíamos
Concluías	Concluíais
Concluía	Concluían

Futuro de indicativo
Concluiré
Concluirás
Concluirá
Concluiremos
Concluiréis
Concluirán

Condicional o potencial
Concluiría
Concluirías
Concluiría
Concluiríamos
Concluiríais
Concluirían

Pretérito indefinido
Concluí
Concluiste
Concluyó
Concluimos
Concluisteis
Concluyeron

Imperfecto de subjuntivo
Concluyese	o concluyera
Concluyeses	concluyeras
Concluyese	concluyera
Concluyésemos	concluyéramos
Concluyeseis	concluyerais
Concluyesen	concluyeran

Gerundio
Concluyendo

Participio pasado
Concluído

1.ª conjugación en **ar**	2.ª conjugación en **er**	3.ª conjugación en **ir**
Presente de indicativo		
— o	— o	— o
— as	— es	— es
— a	— e	— e
— amos	— emos	— imos
— áis	— éis	— ís
— an	— en	— en
Imperfecto de indicativo		
— aba	— ía	— ía
— abas	— ías	— ías
— aba	— ía	— ía
— ábamos	— íamos	— íamos
— abais	— íais	— íais
— aban	— ían	— ían
Pretérito indefinido		
— é	— í	— í
— aste	— iste	— iste
— ó	— ió	— ió
— amos	— imos	— imos
— asteis	— isteis	— isteis
— aron	— ieron	— ieron
Futuro		
— aré	— eré	— iré
— arás	— erás	— irás
— ará	— erá	— irá
— aremos	— eremos	— iremos
— aréis	— eréis	— iréis
— arán	— erán	— irán
Condicional		
— aría	— ería	— iría
— arías	— erías	— irías
— aría	— ería	— iría
— aríamos	— eríamos	— iríamos
— aríais	— eríais	— iríais
— arían	— erían	— irían
Imperativo		
— a tú	— e tú	— e tú
— e él o usted	— a él o usted	— a él o usted
— emos nosotros	— amos nosotros	— amos nosotros
— ad vosotros	— ed vosotros	— id vosotros
— en ellos o ustedes	— an ellos o ustedes	— an ellos o ustedes

1.ª conjugación en **ar**	2.ª conjugación en **er**	3.ª conjugación en **ir**

Presente de subjuntivo

— e	— a	— a
— es	— as	— as
— e	— a	— a
— emos	— amos	— amos
— éis	— áis	— áis
— en	— an	— an

Imperfecto de subjuntivo
1.ª forma

— ara	— iera	— iera
— aras	— ieras	— ieras
— ara	— iera	— iera
— áramos	— iéramos	— iéramos
— arais	— ierais	— ierais
— aran	— ieran	— ieran

2.ª forma

— ase	— iese	— iese
— ases	— ieses	— ieses
— ase	— iese	— iese
— ásemos	— iésemos	— iésemos
— aseis	— ieseis	— ieseis
— asen	— iesen	— iesen

Infinitivo

— ar	— er	— ir

Gerundio

— ando	— iendo	— iendo

Participio pasado

— ado	— ido	— ido

TABLA DE VERBOS
IRREGULARES Y DEFECTIVOS MÁS USADOS

	Se conjuga como:	Página		Se conjuga como:	Página
Aborrecer	agradecer	33	Asentir	sentir	36
Abastecer	»	33	Aserrar	cerrar	28
Absolver	morder	30	Asolar	contar	30
Abstenerse	tener	6	Atender	perder	28
Abstraer	traer	52	Atenerse	tener	6
Acaecer	agradecer	33	Atestar	cerrar	28
Acertar	cerrar	28	Atraer	traer	52
Acontecer	agradecer	33	Atravesar	cerrar	28
Acordar	contar	30	Avenir	venir	59
Acostarse	»	30	Aventar	cerrar	28
Acrecentar	cerrar	28	Avergonzar [1]	contar	30
Adestrar	»	28			
Adherir	sentir	36			
Adolecer	agradecer	33	Bendecir	decir	55
Adormecer	»	33	Bruñir	tañer	38
Adquirir		29	Bullir	mullir	39
Advertir	sentir	36			
Agorar	contar	30			
Agradecer		33	Caber		45
Alentar	cerrar	28	Caer		46
Almorzar [1]	contar	30	Calentar	cerrar	28
Amanecer	agradecer	33	Carecer	agradecer	33
Amoblar	contar	30	Cegar	cerrar	28
Andar		43	Ceñir	teñir	40
Anochecer	agradecer	33	Cerner	perder	28
Anteponer	poner	49	Cerrar		28
Antever	ver	54	Cocer		32
Apacentar	cerrar	28	Colar	contar	30
Aparecer	agradecer	33	Colgar	»	30
Apetecer	»	33	Comedirse	pedir	35
Apostar	contar	30	Comenzar [1]	cerrar	28
Apretar	cerrar	28	Compadecer	agradecer	33
Aprobar	contar	30	Comparecer	»	33
Arrendar	cerrar	28	Competir	pedir	35
Arrepentirse	sentir	36	Complacer	nacer	33
Ascender	perder	28	Componer	poner	49
Asentar	cerrar	28	Comprobar	contar	30

[1] **Almorzar, avergonzar** y **comenzar** tienen la irregularidad ortográfica del verbo **vencer**. Cambian la z en c según la vocal que preceden.

	Página				Página
	Se conjuga como:				Se conjuga como:
Concebir. . . .	pedir . . .	35	Derretir	pedir . . .	35
Concernir . . .	sentir . . .	36	Desacordar . . .	cerrar . . .	28
Concertar . . .	cerrar . . .	28	Desacordar. . .	contar . . .	30
Concluir	instruir . .	42	Desagradecer . .	agradecer .	33
Concordar . . .	contar . . .	30	Desalentar . . .	cerrar . . .	28
Condescender. .	perder. . .	28	Desandar . . .	andar . . .	43
Condolerse. . .	morder . .	30	Desaparecer . .	agradecer .	33
Conducir. . . .	traducir . .	34	Desapretar . . .	cerrar . . .	28
Conferir . . .	sentir . . .	36	Desaprobar . .	contar . . .	30
Confesar	cerrar . . .	28	Desatender. . .	perder. . .	28
Conmover . . .	morder . .	30	Desavenir . . .	venir . . .	59
Conocer		33	Descender . . .	perder. . .	28
Conseguir[1]. . .	pedir . . .	35	Desceñir. . . .	teñir . . .	40
Consentir . . .	sentir . . .	36	Descolgar . . .	contar . . .	30
Consolar. . . .	contar . . .	30	Descollar . . .	» . . .	30
Constituir . . .	instruir . .	42	Descomedirse. .	pedir . . .	35
Construir . . .	» . .	42	Descomponer. .	poner . . .	49
Contar.		30	Desconcertar . .	cerrar . . .	23
Contener. . . .	tener . . .	6	Desconocer. . .	conocer . .	33
Contradecir . .	decir . . .	55	Desconsolar . .	contar . . .	30
Contraer. . . .	traer . . .	52	Descontar . . .	» . . .	30
Contrahacer . .	hacer . . .	47	Desconvenir . .	venir . . .	59
Contravenir . .	venir . . .	59	Desdecir	decir . . .	55
Contribuir . . .	instruir . .	42	Desempedrar . .	cerrar . . .	28
Convalecer . . .	conocer . .	33	Desengrosar . .	contar . . .	30
Convenir. . . .	venir . . .	59	Desentenderse .	perder. . .	28
Convertir . . .	sentir . . .	36	Desenterrar . .	cerrar . . .	28
Corregir	pedir . . .	35	Desenvolver . .	morder . .	30
Costar.	contar . . .	30	Desfogarse . . .	contar . . .	30
Crecer.	agradecer .	33	Deshacer. . . .	hacer . . .	47
			Deshelar . . .	cerrar . . .	28
			Desherrar . . .	» . . .	28
Dar		44	Desleir.	reir . . .	41
Decaer.	caer . . .	46	Deslucir	lucir . . .	33
Decir		55	Desmembrar . .	cerrar . . .	28
Deducir	traducir . .	34	Desmentir . . .	sentir . . .	36
Defender. . . .	perder. . .	28	Desmerecer. . .	agradecer .	33
Deferir . . .	sentir . . .	36	Desoir.	oir	57
Degollar	contar . .	30	Desolar	contar. . .	30
Demoler	morder . .	30	Desollar	» . . .	30
Demostrar . . .	contar . . .	30	Despedir	pedir . . .	35
Deponer	poner . . .	49	Despedrar . . .	cerrar . . .	28
Derrengar . . .	cerrar . . .	28	Despertar . . .	» . . .	28

[1] Conseguir: irregularidad ortográfica, suprime la u delante de las vocales a, o, como el verbo **pagar**.

[1] Esforzar ⎱ — irregularidad ortográfica como el modelo **vencer.**
   forzar ⎰

[1] Este verbo tiene algunas diferencias con su modelo decir.
[2] Este verbo en las personas irregulares toma una h (huelo, hueles).

[1] Este verbo suprime la **u** delante de las vocales **a** - **o** como el modelo **pagar**.
[2] Este verbo sigue la irregularidad del modelo **vencer**.

[1] Este verbo tiene algunas particularidades anotadas en el modelo **hacer.**
[2] Este verbo tiene la irregularidad propia del modelo **pagar.**
[3] Este verbo tiene la irregularidad propia del modelo **pagar.**
[4] Este verbo tiene la irregularidad como el modelo **vencer.**

ÍNDICE

IMPRIMERIES RÉUNIES S. A. **LAUSANNE**
Imprimé en Suisse